# Mon premier livre d'apprentissage et l'activité maternelle

# Mon premier livre d'apprentissage et l'activité maternelle

by Khloe Ramdhan; Illustrated by Khloe Ramdhan

Copyright © 2020 by Khloe Ramdhan

All rights reserved. No part of this publication may be reproduced, distributed, or transmitted in any form or by any means, which includes photocopying, recording, or other electronic or mechanical methods, without the prior written permission of the publisher, except in the case of brief quotations embodied in critical reviews and certain other noncommercial uses permitted by copyright law.

Published by Khloe Ramdhan

KR
ILLUSTRATIONS

# Je m'appelle
My name is

_____

## Adresse :
Address

_____

## Numéro de téléphone:
Telephone

_____

# Apprenons à compter!
Let us learn to count!
# Nous pouvons compter jusqu'à 10!
We can count to 10!

# 1 un
one

# 2 deux
### two

# 3 trois
## three

# 4 quatre
## four

# 5 cinq
### five

# 6 six
### six

# 7 sept
seven

# 8 huit
### eight

# 9 neuf
### nine

# 10 dix
ten

# Apprenons l'alphabet!
Let us learn the Alphabet!

## Il y a 26 lettres dans l'alphabet.
There are 26 letters in the alphabet.

Aa Bb Cc

Dd Ee Ff

Gg Hh Ii

Jj Kk Ll

11

Mm Nn Oo

Pp Qq Rr

Ss Tt Uu

Vv Ww Xx

Yy Zz

# Compter et écrire les nombres!
## Count and write the number!

Il y a \_\_\_\_ étoiles!
stars

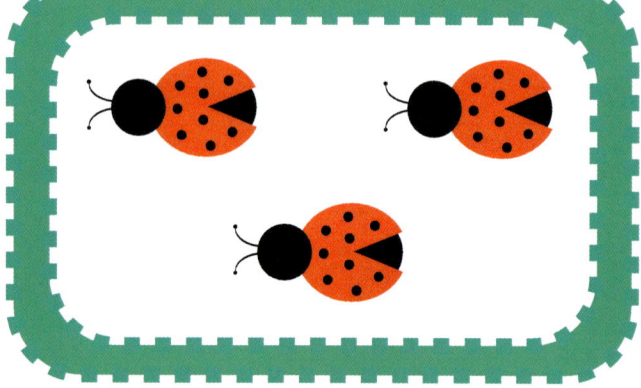

Il y a \_\_\_\_ coccinelles!
ladybugs

Il y a \_\_\_\_ poisson!
fish

Il y a \_\_\_\_ feuilles!
leaves

# Relier les points de **A** à **Z**
## Connect the Dots from **A** to **Z**

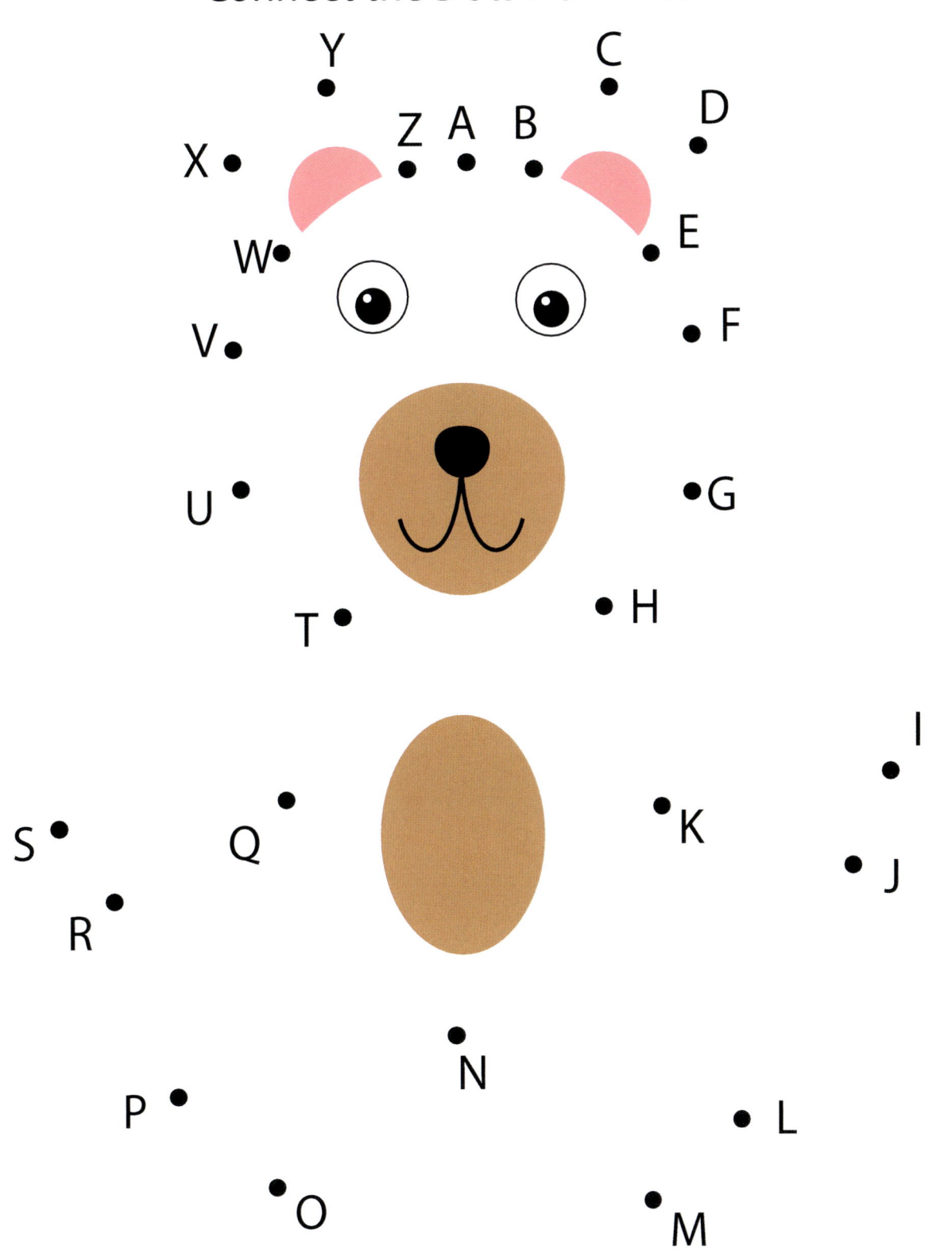

**Lorsque vous avez fini, colorez l'ours brun!**
When you are done, colour the bear brown!

# Apprenons nos couleurs!
### Let us learn our colors!

**Rouge**
Red

**Orange**
Orange

**Jaune**
Yellow

**Vert**
Green

**Bleu**
Blue

**Violet**
Purple

# Vous rappelez-vous vos couleurs?
Do you remember your colors?

C'est _____

C'est _____

C'est _____

C'est _____

C'est _____

C'est _____

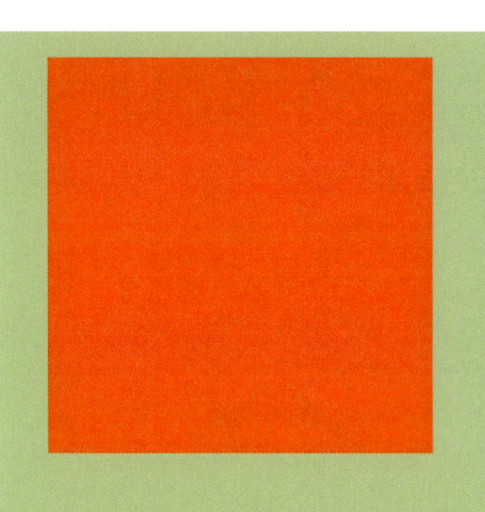

# Le carré
## Square

**Un carré a 4 côtés égaux.**
A square has 4 equal sides.

**Pouvez-vous trouver un carré?**
Can you find a square?

17

# Le triangle
## Triangle

## Un triangle a 3 côtés égaux.
### A triangle has 3 equal sides.
## Pouvez-vous trouver un triangle?
### Can you find a triangle?

# Le rectangle
Rectangle

## Un rectangle a 4 côtés.
A rectangle has 4 sides.
## Pouvez-vous trouver un rectangle?
Can you find a rectangle?

# Le cercle
## Circle

## Un cercle est rond.
### A circle is round.
## Pouvez-vous trouver un cercle?
### Can you find a circle?

# L'étoile
Star

Une étoile a 5 pointes.
A star has 5 points.
Pouvez-vous trouver une étoile?
Can you find a star?

# Le cœur
### Heart

Un cœur a deux courbes sur le dessus.
#### A heart has two curves on top.
## Pouvez-vous trouver un cœur?
#### Can you find a heart?

**en haut**
Up

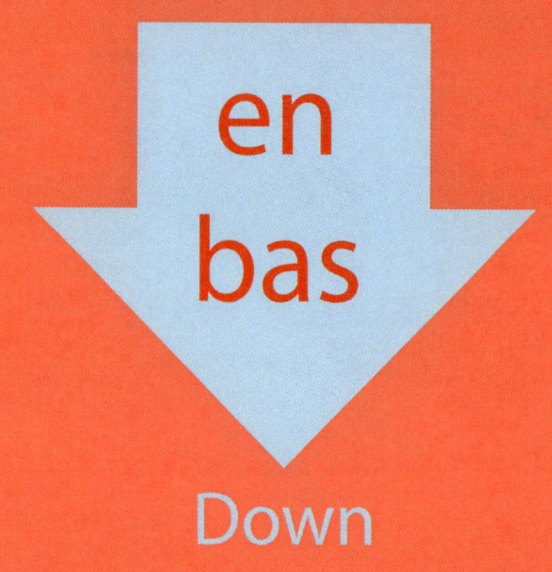

**en bas**
Down

# Contraire
## Opposites

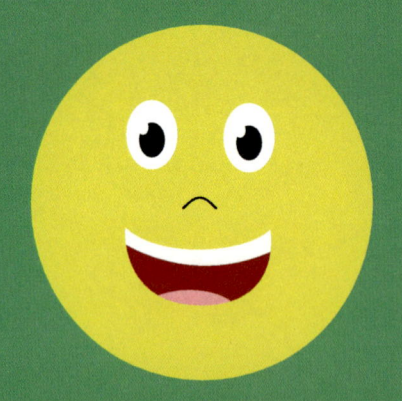

**content**
Happy

**triste**
Sad

## Contraire
### Opposites

**grand**
Big

**petit**
Small

**chaud**
Hot

**froid**
Cold

# Tirer les contraires ci-dessous!
## Draw the opposites below!

| | |
|---|---|
| **jour**<br>Day | **nuit**<br>Night |
| **ouvert**<br>Open | **ferme**<br>Closed |
| **rempli**<br>Full | **vide**<br>Empty |

# Faisons un modèle avec toutes
### Let's make a pattern with all of
## nos formes!
### our shapes!

## Que ce passe t-il après?
### What comes next ?

| Carré | Étoile | Cœur | Carré | Étoile | Cœur | Carré |

## Essayons un autre!
### Let's try another one!

## Que ce passe t-il après?
### What comes next ?

| Cercle | Triangle | Triangle | Cercle | Triangle | Triangle | Cercle |

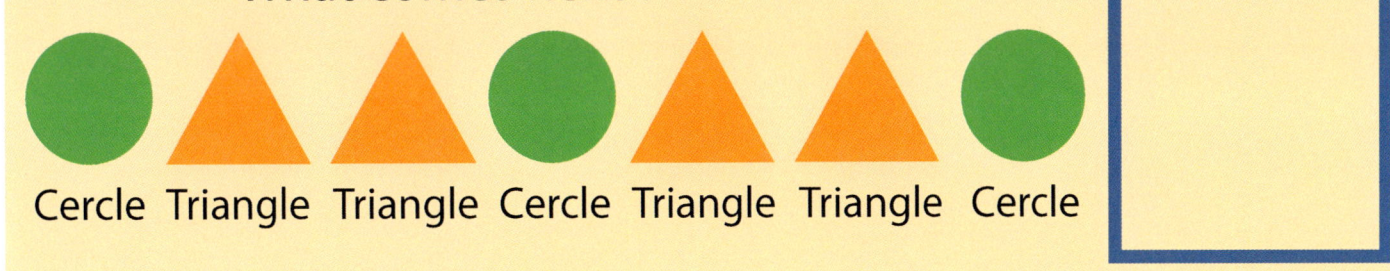

## Créez votre propre modèle!
### Make your own pattern!

# Il y a 7 jours dans une semaine
There are 7 days in the week

# dimanche
# lundi
# mardi
# mercredi
# jeudi
# vendredi
# samedi

# Pouvez-vous remplir les jours manquants?
Can you fill in the missing days?

# dimanche

# _ _ _ _ _ _

# mardi

# _ _ _ _ _ _ _ _ _

# jeudi

# _ _ _ _ _ _ _ _

# samedi

# Il y a 12 mois dans une année
There are 12 months in the year

janvier

février

mars

avril

mai

juin

julliet

août

septembre

octobre

novembre

décembre

# Pouvez-vous remplir les mois manquants?

Can you fill in the missing months?

janvier

\_ \_ \_ \_ \_ \_ \_ \_

mars

\_ \_ \_ \_ \_ \_

mai

\_ \_ \_ \_ \_

julliet

\_ \_ \_ \_ \_

septembre

\_ \_ \_ \_ \_ \_ \_ \_ \_

novembre

\_ \_ \_ \_ \_ \_ \_ \_

# Il y a quatre saisons
There are four seasons
# par année.
in the year.

## L'hiver
Winter

## Le printemps
Spring

## L'été
Summer

## L'automne
Fall / Autumn

# Remplissez le nom
Fill in the names
## des saisons
of the seasons

_ _ _ _ _ _ '

_ _ _ _ _ _ _ _ _

_ _ _ _ '

_ _ _ _ _ _ '

# L'hiver
## Winter

**Température la plus froide**
Coldest Temperature

**Les feuilles sont tombées des arbres**
Leaves have fallen off the tree

**Flocon de neige**
Snowflakes

**Chapeau**
Hat

**Écharpe**
Scarf

**Veste**
Jacket

**Bonhomme de neige**
Snowman

**Luge**
Sled

**Bottes**
Boots

**Neige**
Snow

# Le printemps
## Spring

### La température est plus chaude que l'hiver
Temperature is warmer than winter

### Les arbres commencent à fleurir
Trees start flowering

### Les oiseaux construire nid
Birds build nests

### Les fleurs fleurissent
Flowers bloom

### La glace fond
Ice melts

### L'herbe verte
Green grass

# L'été
## Summer

**Température chaude**
Hot temperature

**Les arbres ont toutes leurs feuilles**
Trees have all their leaves

**Les enfants jouent dehors**
Kids play outside

**Fleurs, fleurir**
Flowers bloom

**Pulls sans manche**
Tank top

**Short**
Shorts

**Les gens visitent les plages**
People visit beaches

**Tongs**
Flip Flops

**Les gens nagent**
People go swimming

# L'automne
## Fall

**La température est plus froide que l'été**
Temperature is cooler than summer

**Les feuilles changent de couleur**
Leaves change color

**Épouvantail**
Scarecrow

**Les feuilles tombent des arbres**
Leaves fall off trees

**Chandail**
Sweater

**Les citrouilles grandissent**
Pumpkins grow

**L'herbe change de couleur**
Grass changes color

# Combien voyez-vous?
## How many do you see?

Je vois _____ ballons.
balloons

Je vois _____ ballons verts.
green balloons

Je vois ___ garçon.
boy

Je vois _____ ballon rouge.
red balloons

Je vois _____ ballons bleu.
blue balloons

37

# Remplir les lettres manquantes!
## Fill in the missing letters!

| A | B | C | D | _ |
| F | G | _ | I | J |
| _ | L | M | N | O |
| P | Q | R | _ | T |
| U | _ | W | X | Y |
| Z |

# Hourra!
# Je suis pret pour la maternelle!
## Yay! I am ready for kindergarten!

Made in the USA
Monee, IL
02 October 2020